La délivrance
de
la Tête

DR. D. K. OLUKOYA

La délivrance de la tête

Par

Dr. D. K. Olukoya

Ministère de la Montagne de Feu et des Miracles
Lagos - Nigeria

La délivrance de la tête

Version Anglais : Imprimée 1998
Version Française : Imprimée Mai 2004
DR. D.K. OLUKOYA

© 2004 Ministère de la Montagne de Feu et des Miracles

ISBN : 978-0692671146

Imprimé Au Nigéria.

Toutes les citations Bibliques proviennent de la Bible Louis-Segond, Edition Revue.

Image de la couverture par : Soeur Sade Olukoya

Mai, 2004

AUTRES LIVRES FRANÇAIS ECRITS PAR DR. D.K. OLUKOYA

- Pluie de Prieres
- Frappez L'adversaire et il fuira
- En finir avec les forces malefiques de la maison de ton pere
- Esprit de vagabondage
- Que l'envoutement perisse
- Comment se delivrer soi-même
- Pouvoir Contre les Terroristes Spirituels
- Prières de Percées pour les hommes d'affaires
- Prier Jusqu'à Remporter la Victoire
- Prières Violentes pour humilier les problèmes opiniâtres
- Le Combat Spirituel et le Foyer
- Bilan Spirituel Personnel
- Victoire sur les Rêves Sataniques
- Se Liberer des alliances maléfiques
- Prières pour démanteler la sorcelerie

- La delivrance: le flacon de medicament de Dieu
- Revoquer les décrets maléfiques

Ces livres et les autres publications peuvent être obtenus à : Mountain of Fire and Miracles Ministries

13, Olasimbo St. Onike, Yaba, Lagos
P.O. Box 2990, Sabo, Yaba-Lagos
Tel: 00234-8023436873
E-mail:MFM@nigol.net.com.
MFM@micro.com
Ou Dans les grandes librairies chrétiennes.

Commençons d'abord par prier agressivement ces sujets de prières suivants:

1. Je revendique ma liberté de toute déclaration maléfique, au nom de Jésus.
2. Je revendique ma liberté de tout problème héréditaire, au nom de Jésus
3. Toute communion démoniaque qui me concerne, sois brisé, au nom de Jésus.
4. Tout renforcement démoniaque contre moi, soit brisé, au nom de Jésus.
5. Que tous ceux qui troublent Israël, cessent de me troubler, au nom de Jésus.
6. J'écrase tout serpent et scorpion envoyés contre moi, au nom de Jésus.
7. Que la puissance de Dieu pénètre dans mon corps tout de suite, au nom de Jésus.
8. Je jette au feu chaque fardeau satanique, au nom de Jésus.
9. J'expulse l'esprit de mauvais héritage, au nom de Jésus.

10. Aucun de mes bénéfices ne disparaîtra cette année au nom de Jésus.

11. Je possède mes possessions, au nom de Jésus.

Bien que le titre de cette oeuvre « **La délivrance de la tête** » vous semble si bizarre, en effet, il y a pourtant des têtes malades par si, par-là. Ainsi donc nous discuterons sur le sujet de la délivrance pour les têtes malades.

L'un des versets le plus formidable dans la bible est Genèse 3 :15 Là, Dieu parlait après la chute d'Adam et d'Eve. Il maudissait le serpent, disant **« Je mettrai l'inimitié entre toi et la femme, entre ta postérité et sa postérité : celle-ci t'écrasera la tête, et tu lui blesseras le talon »** .

Lisons plus lentement ce verset, On trouve que

cela veut dire simplement qu'il y aura toujours la guerre entre la postérité de la femme et celle du serpent, autrement dit qu'ils seront des ennemis éternellement. Par conséquent, l'homme et le diable ne seront jamais amis, s'il en existe, au fur et à mesure il sera évident que ce n'est que la sorte d'amitié entre le chat et la souris, comme disent les Yorouba au Nigeria.

Le diable n'est jamais l'ami de personne. Tous ceux qui l'adorent maintenant et se vantent de son pouvoir finira par être déçus. A la fin du temps, le diable les avalera. « Je mettrai l'inimitié entre toi et la femme, entre ta postérité et sa postérité : celle-ci t'écrasera la tête, et tu lui blesseras le talon ». Ecraser veut dire 'blesser' ou, 'attaquer' ou 'casser' la tête. C'est-à -dire que la postérité de la femme va écraser la tête du serpent sous le talon. Rappelez-vous que c'est la tête du serpent qui sera écrasée.

QUAND DIT-ONS QU'UNE
DELIVERANCE EST FAITE?

La délivrance est faite lorsqu'elle a pris place dans une des conditions énumérées ci-dessous :

Ø   Quand une personne est délivrée d'une captivité, quelle que soit la forme de la captivité. Que ce soit esclavage ou oppression ou quand certains esprits mauvais ont été chassés d'une personne, d'une place ou une chose.

Ø   Quand une personne est libérée d'une malédiction ou d'une incantation posée sur elle ou d'un ensorcellement !

Ø   Quand un joug maléfique est ôté de la vie d'une personne !

Ø   Quand des alliances maléfiques ont été brisées dans la vie d'une personne !

Ø   Quand un embargo placé sur une personne ou une chose par les puissances sataniques est enlevé !

LA TETE EST UN ORGANE UNIQUE

Bien-aimés la tête est par-dessus l'organe le plus important du corps humain. C'est possible de trouver quelqu'un qui souffre du manque d'un organe ou d'un autre et il reste encore vivant alors qu'il est complètement impossible de trouver une personne qui vit sans tête. Voilà pourquoi la Bible nous fait comprendre beaucoup de choses concernant la tête :

Par exemple, 2 Samuel 1:16 déclare «Et David lui dit : Que ton sang retombe sur ta tête, car ta bouche a déposé contre toi, puisque tu as dit : J'ai donné la mort à l'oint de l'Eternel !». Donc, selon la bible, la tête veut dire la totalité ou la vie d'une personne.

Dans Psaume 7 :17, le Psalmiste pria agressivement ainsi : « **Son iniquité retombe sur sa tête….** ». Ici, la tête veut dire la vie entière.

Psaume 23 :5 dit : «**Tu dresses devant moi un table, En face de mes adversaires ; Tu oins d»huile ma tête, Et ma coupe déborde**» Ici, l'emphase est mise sur la tête, non pas sur la jambe ou la main.

J'aimerais que vous notiez bien ces versets de l'écriture Lévitique 19 : 27 - 28 dit : « **Vous ne couperez point en rond les coins de votre chevelure, et tu ne raseras point les coins de ta barbe. Vous ne ferez point d'incisions dans votre chair pour un mort, et vous n'imprimerez point de figures sur vous. Je suis l'Eternel.** »

C'est important que vous notez tous les versets de ces Ecritures.

Matthieu 5 :36 nous trouvons aussi une exposition intéressante faite par Jésus Christ : « Ne jure pas non plus par ta tête, car tu ne peux rendre blanc ou noir un seul cheveu ».

A partir des Ecritures saintes, la tête veut dire plusieurs choses : mettre une couverture sur la tête, veut dire la protection. Dire « ma tête est élevée », veut dire la joie, l'exaltation, et la confiance.

Esaïe1 :6 remarque «De la plante du pied jusqu'à la tête, rien n'est en bon état : Ce ne sont que blessures, contusions et plaies vives, Qui n'ont été ni pansées, ni bandées, Ni adoucies par l'huile.»

Le prophète Esaïe disait que la tête peut être complètement vide. Alors que Jésus nous a averti,« Ne jure pas non plus par ta tête ».

Ces versets sont assez justes et importants.
Tous ces versets ne sont pas gratuits.

Pourquoi imposer les mains sur la tête ?
Pourquoi poser les couronnes sur la tête ?
Pourquoi oindre la tête, des prophètes, des
prêtres et des rois dans la Bible ? Pourquoi
devrait-on écraser la tête du serpent ? Pourquoi
est-ce que l'esprit de mort et de l'enfer se
cache-t-il souvent dans le cerveau humain ? C'est
parce que c'est le cerveau qui détermine le
niveau d'intelligence, de la mémoire, la force
humaine aussi que les cinq sent qui sont l'ouïe,
l'odorat, la vue, le goût et la parole dans la vie
d'une personne. La tête est tellement
importante. Ainsi pour avoir l'équilibre, on a
besoin d'un cerveau sain. Si ça ne va pas avec la
tête physiquement ou spirituellement il y a un
problème. Pourquoi par exemple, l'interdit dans
la Bible de jurer par la tête ? C'est parce que la

tête est tellement importante et ce qui la concerne, concerne la vie tout entière.

LA TETE MAUDITE

Il y a beaucoup de têtes maudites dans notre environnement. Malheureusement, il est presque impossible de trouver quelqu'un qu'on n'a jamais maudit soit en plaisanterie soit ou sérieusement. Toutes les paroles inconsidérées telles que : « Tu es fou », « Pauvre individu», «Tête maudite », malheureusement, sont des paroles maudites autrement dites des malédictions contre ces personnes et leurs travaux.

Je me rappelle l'histoire d'un frère qui est un homme d'affaires. Lui et ses collègues avaient pris la décision de se rencontra à un endroit donné à 7 heures du matin chaque jour pour aller faire leurs affaires. Mais au fur et à mesure cet homme a constaté que chaque fois qu'il arrive à cet endroit, il ne voyait pas ses collègues. Il se dit qu'il était peut-être très tôt, il décida d'y aller à 8h. Encore il ne trouva personne les autres seront en retard. Il était stupéfait.

Alors, il décida d'y arriver un autre jour plutôt, vers 6h du matin et à sa grande surprise, il a découvert que ses collègues étaient en train de partir. Il voulait savoir pourquoi ils avaient décidé de l'abandonner contrairement a leur décision. Personne ne lui répondit. Mais le seul blanc qui faisait partie du groupe, décida de lui parler franchement. Il lui dit, «Bien, nous avons constaté que chaque fois que vous sortez avec nous, il n'y a pas de succès, c'est à cet égard que nous avons décidé de continuer sans vous. Nous serons si content si vous ne sortez plus avec nous aujourd'hui » Voilà ce que nous appelons «TETE MAUDITE».

Chez nous, quand une malédiction est placée sur la tête, qu'elle soit personnelle ou pas, c'est à dire qu'on vous a maudit, ou vous êtes maudit par un autre, il arrive quand même de problème. Jésus nous a conseillé de « Ne jure pas du tout ». Il y a des gens qui frappent la terre, la table, quand ils sont mis en colère. Ils réagissent violemment. Tels gens sont déjà troublés à la tête.

Il y a une fois qu'on a parlé ici, sur la message intitulé «La folie selon Dieu » A notre avis nous avons défini la folie comme la perte du bon sens et le fou se promène dans des rues, sans un but précis. Pourtant, la folie, selon Dieu, est tout à fait différente. La définition divine de la folie diffère de celle de l'homme. Plusieurs affirment qu'ils ne sont pas fous alors que Dieu les déclare ainsi. Au contraire, Dieu déclare sains quelques autres qui sont considérés comme fou. Enfin, Dieu a son propre définition de la folie. Après tout, Jésus Christ et l'Apôtre Paul furent considéré comme des fous.

Certains gens, quand ils sont en colère, cognent leurs têtes contre le mur ou cherchent une pièce de feu pour frapper. Certains avec leurs doigts touchent la langue et le lèvent vers le ciel. C'est une injure à Dieu. D'autres mordent leurs doigts ou disent, « Ma tête te punira »

A vrai dire, si vous vous engagez dans cet acte, vous invitez l'esprit de la sorcellerie. Tous ces gens ont besoin de la délivrance de leurs têtes, soit pour les malédictions prononcées directement ou indirectement.

Il y a des années passées, quand j'étais professeur dans une école secondaire, les élèves constataient que je ne comprends pas leur langue, que je suis d'un autre groupe ethnique. J'ai décidé de ne pas parler leur langue, bien que je puisse en parler. Les élèves maudissent souvent tous les professeurs. A un moment donné, j'avais décidé de me faire connaître et les avais fait savoir que j'avais tout compris. Malheureusement, si on n'a pas assez du feu spirituel pour annuler ces malédictions on finira par porter sur soi un fardeau satanique. A ce point, il faut prier ainsi : « Je brise toute malédiction personnelle et externe prononcée contre ma tête au nom de Jésus ». Dans notre environnement, il existe trop de problèmes car les gens se maudissent même sans le savoir. Il n'y a d'autre solution que de faire délivrer la tête, si non, il n'y avait aucune issue de sortir de ces problèmes divers.

LES ORIGINES DE LA POLLUTION DE LA TÊTE

1. **Prières Démoniaques :**

   C'est normal que vos parents vous bénissent à l'heure de votre mariage. Mais réfléchissez sur le verset de la Bible qui nous dit que les prières d'un pécheur sont en horreur à l'Eternel. Ainsi, quand votre père étant membre d'un culte démoniaque et votre mère étant sorcière vous bénissent, certainement il y aurait des problèmes. Vous serez bien sans être bénis par eux, car au moment où ils prient pour vous dans le domaine physique, en actualité, ils prononcent sur vous le contraire de ce qu'ils vous souhaitent réellement dans leurs cœurs.

2. La coupe de Cheveux pour la manipulation maléfique.

Si les ennemis n'arrivent pas à obtenir vos cheveux chez votre coiffeur ou coiffeuse, ils le chercheront dans la poubelle afin de vous manipuler. Nombreux de gens se sont levés le matin et trouvent que leurs cheveux sont déjà coupés.

Que font les ennemis avec ces cheveux ?
La réponse est simple. La manipulation maléfique. Avec ceci, il arrive des problèmes. Beaucoup de gens sont mariés à leurs ennemis. Par exemple si le mari coupe les cheveux de sa femme ou bien elle aussi coupe ceux de son mari, les deux ont le même but qui est, manipuler le propriétaire de ces cheveux.

3. **Manger les cheveux coupés:**

Bien qu'il paraisse incroyable, les ennemis qui prennent les cheveux de quelqu'un peuvent le faire cuire en ajoutant quelque chose inconnue et manger afin de mettre en esclavage celui à qui appartiennent les cheveux. Celui-ci est devenu esclave parce que sa tête est sous l'autorité de l'ennemi. Ils peuvent également mettre en esclavage celui dont ils ont mangé sa placenta. Ces gens se mettent (à leur insu bien sûr) sous le contrôle de celui qui avait mangé leur cheveux ou leur placenta.

Il y avait une sœur chez nous ici, à l'église MFM. Son père avait mangé ses cheveux. En conséquence elle avait plus tard commencé à avoir des problèmes maritaux et on l'avait renvoyée chez son père. Après des prières agressives, son père lui avait dit « Ma fille, j'ai l'idée que quelqu'un t'a conseillé de le faire ainsi, Ne t'inquiète pas, dès que tu arrives à Lagos, il n'y aura plus de problèmes »

Alors cet homme avait fait sortie de dessous de son lit une bouteille dans laquelle se trouve les cheveux de cette demoiselle. Cette bouteille était dans une position renversée, voilà pourquoi cette sœur vraiment souffrait des situations terribles et renversées. Cet homme a dit : « Alors, je vais placer bien cette bouteille. Vas-y en paix et réjouis-toi » Sans tenir compter de ceci nous avons organisé nous-mêmes comment prendre la bouteille de cet homme. Bien sûr, il était presque mort quand il ne pouvait plus la trouver.

Il existe chez nous partout, beaucoup d'activités des méchants dans notre environnement. Cela veut dire que nous avons besoins du feu spirituel non pas une fois par semaine, mais chaque jour de notre vie.

4.   Le foulard ou le Chapeau manipulé :

C'est possible de voler le foulard ou le chapeau d'un individu et de les remplacer avec un autre déjà marqué afin de manipuler négativement le propriétaire. Il faut que les gens qui gardent leurs chapeaux partout, se méfient de cet acte.

5.   Appel satanique :

Il est possible de convoquer la tête d'une

personne afin de lui faire du mal. Voilà pourquoi certains se trouvent dans des endroits bizarres et hostiles alors qu'il leur reste impossible d'y échapper. S'il leur arrive la possibilité de voler, les ennemis volent à leur suite en esprit.

En songe, une sœur se trouva sur une natte volant comme en avion. Il y avait une autre femme tout près d'elle sur la natte. Elle demanda à cette femme où elles allaient et celle-ci lui répondit : « Tais-toi, nous allons assister à une réunion des sorcières » cette sœur répondit à son tour « mais je ne suis pas sorcière, moi, pourquoi vais-je avec vous alors ? » La femme lui répondit encore une fois. « Tais-toi » A ce point, la sœur cria 'Jésus' et la natte se coupa en deux. Elle tomba par terre, alors que la femme continua son voyage.

La question c'est que : Comment cette sœur arriva à être sur la natte satanique ? La réponse c'est qu'on la convoqua de les joindre dans ce voyage satanique. Il arriva des fois que certains entendent leur nom sans savoir qui les appelle. C'est une des activités maléfiques dit : l'appel satanique. A cet égard vous devrez comprendre ce que veut dire 'la délivrance de la tête'.

6. Des crèmes démoniaques :

Les ennemis utilisent des parties du corps humain pour fabriquer des crèmes ou des pommades. Après avoir utilisé ces produits, l'on aura des problèmes. Ou bien s'ils ajoutent des herbes indiennes (marijuana) aux pommades, ceci est également dangereux et mène aux problèmes divers. C'est dire que votre tête fume maintenant des herbes.

7.   **Les incisions sur la tête :**
Chaque fois que vous mettez une incision sur votre tête, c'est une invitation aux démons. Voici ce que l'apôtre Paul a dit : Gal. 6 :17 **« Que personne ne me fasse de la peine, car je porte sur mon corps les marques de Jésus »** Il faut annuler cette marque satanique.

.8.   **Les titres traditionnels :**
Au moment des rites traditionnels au village on vous honore avec des feuilles traditionnelles comme chef, vous vous réjouissez sans savoir que cet acte donne l'occasion à certains de vous toucher la

tête, ainsi ils arrivent à vous mettre des feuilles sataniques pour polluer votre tête. Ceci est certainement une source des problèmes très sérieux pour vous.

9. **Porter des sacrifices sur la tête :**
   En portant des sacrifices sur la tête, vous avez permis que votre tête soit mise au service du transport satanique. Voilà une autre source de problème.

10. **Laver la tête avec un savon démoniaque :**
    Quand les gens fréquentent chez des herboristes pour résoudre leurs problèmes, et on leur donne des savons démoniaques pour laver leurs têtes. Dommage qu'au lieu de résoudre ces problèmes, ils s'empirent.

11. Couper les cheveux des morts :
    C'est aussi une autre source d'une tête maudite.

12. Jurer par votre tête :
    Ceci mène également aux problèmes divers.

LES CONSÉQUENCES D'UNE TÊTE MAUDITE

Nous avons de tels problèmes concernant les victimes des têtes maudites dans notre environnement.

Les gens dont les têtes sont maudites n'écoutent pas de bons conseils.

De tels gens ne se prêtent pas à l'enseignement, manquent de la connaissance, souffrent des rêves confus et de la perte de leur mémoire sans cause.

Souvent, au cours des prières violentes, ils se sentent mal à la tête et aussi éprouvent des mouvements bizarres dans leurs têtes.

Il leur arrive souvent des dettes inexplicables.

Leurs mariages sont souvent troublés, qu'ils soient hommes ou femmes.

Bien-aimé, alors que l'on est membre d'une famille polygame, où il y a 3 épouses, on peut trouver que tous les enfants d'une femme mènent une vie souffrante de pauvreté et manquent du progrès, c'est dire que tout ne va pas bien avec leurs têtes.

Quand on échoue fréquemment aux examens, c'est une indication que la tête est maudite.

Quand un appel satanique est fait à quelqu'un et celui-ci n'a pas assez du feu spirituel pour en résister, même si on n'arrive pas à le tuer,

on lui met de fardeau satanique.
C'est l'indication que la tête est maudite.

Dès que la tête est maudite, la vie entière d'une personne est troublée. Ceci c'est la raison pour laquelle Jésus à sa mort versa son sang pour des raisons variées par exemple -   Au moment où il priait dans l'angoisse à
Géthsémané,
-    Quand le grand prêtre le frappa, blessé sur le visage, il versa du sang.
-    En le fouettant au dos avec un fouet de verges, sa chair, se déchira et son sang est versé
-    On lui posa la couronne d'épines empoisonnée sur sa tête, par conséquent il versa encore du sang. Le poison dans la couronne représente des malédictions. Alors, si l'on continue à avoir la tête

maudite, ce n'est qu'une décision personnelle car Jésus avait fait de lui-même une malédiction et pour cette raison, il nous a tous libérés de nos problèmes il y a 2004 ans. Tout ce qu'on vous demande c'est de l'appeler et il vous répondra immédiatement..

COMMENT AVOIR LA DÉLIVRANCE ?

Il faut d'abord changer de camp et donnez votre vie à Jésus, au cas où vous n'êtes pas encore sauvé, faites-le aujourd'hui, soumettant votre vie à Jésus – il peut vous transporter du royaume des ténèbres au royaume de Dieu, le royaume de la lumière.

L'on peut être délivré des problèmes de la

tête à travers le baptême et l'onction du Saint Esprit. Quand le pouvoir du Saint Esprit descend, les jougs sataniques sont brisés. L'entrée et l'onction de Saint Esprit brisent tous les jougs sataniques.

La parole de Dieu vous délivre également, d'une tête maudite. Quand l'on continue à se renouveler fréquemment par la parole de Dieu, l'on est délivré.

En annulant les malédictions contre la tête et en les rejetant, l'on peut être délivré.

La tête maudite peut aussi être délivrée à travers la lutte spirituelle, en faisant des prières violentes, par la foi agressive et par la confession de la parole de Dieu.

Qu'est ce que cela veut dire ? C'est-à-dire qu'il

faut que nous nous souvenions de notre enfance, quand nos parents et nos amis, prononcent sur nous des choses négatives, qu'ils nous maudissaient, peut-être sans le savoir.

Il faut également vous souvenir du temps passé, quand vous avez consulté des aides spirituelles qui ont constaté que le seul moyen de vous voler vos vertus et bénéfice est de toucher votre tête. Dès qu'ils les possèdent, voilà le commencement des problèmes.

De même certains avaient consulté les prophètes sataniques qui leur demandent des éponges et des savons sataniques. Peut-être que vous rendiez visite aux prophètes sataniques pour des consultations diaboliques à travers desquelles ils ont identifié les vertus divines dans votre vie et savaient que le seul moyen de les voler c'est d'avoir l'accès à votre tête. Ils font tout possible pour les enlever, voilà l'origine des problèmes qui arrivent. D'autres fréquentaient des réunions où on leur demande de présenter les éponges, les savons, et autres. Ils arrivent le lendemain pour constater que ces articles sont redistribués et ce n'est plus possible d'identifier les vôtres même si vous avez la chance d'avoir vos propres articles, on ne peut pas dire ce qui s'est passé avec ces objets. En utilisant ces choses, voilà le commencement des problèmes.

Afin d'obtenir la délivrance pour la tête, il faut être violant spirituellement et prier agressivement ces prières qui suivent :

LES PRIÈRES

1. Que toute force d'affliction soit consommée par le feu divin au nom de Jésus.

2. Que tout étranger satanique caché dans mon corps sorte de leur cachette au nom de Jésus.

3. Que toutes mes bénédictions ensorcelées soient délivrées, au nom de Jésus.

4. Que l'ecriture de l'ennemi soit renversée contre lui, au nom de Jésus.

5. Tout mauvais roi installé contre moi, sois paralysé, au nom de Jésus.

6. Je paralyse tout lutteur Satanique contre mon progrès, au nom de Jésus.

7. Que toute forteresse de dette soit brisée, au nom de Jésus.

8. Que toute forteresse d'oppression soit brisée, au nom de Jésus.

9. Que toute forteresse de perte soit brisée au nom de Jésus

10. Que tout chasseur de mon âme se tue au nom de Jésus.

11. O Seigneur, renforce ma vie par Ton onction, au nom de Jésus.

12. O Seigneur, que Ta puissance guérissant circule dans mon corps au nom de Jésus. (Posez la main droite sur la tête).

13. O Seigneur, que Ton feu purifiant circule dans mon corps, au nom de Jésus.

14. Je reçois les miracles créatifs dans tous les domaines de ma vie au nom de Jésus.

15. Que ma tête soit délivrée de toute pollution, au nom de Jésus.

16. O Seigneur, renverse mes impossibilités en possibilités, au nom de Jésus.

17. Seigneur, commence à me frayer la voie là où il n'y a pas de voie au nom de Jésus.

18. Que tout devoir et arme d'ennemi assigné contre moi soient frustré, au nom de Jésus.

19. Toute arme satanique forgée contre moi, sois rôtie au nom de Jésus.